Joseph von Eichendorff

Harzwanderung

Fotografien von Günter Pump

Husum

Pro Memoria
Für den Monat September. 1805

10. Traten wir beide und Schöpp unsere Hamburger Reise an.
Früh nach 7 Uhr verließen wir mit Extrapost unsere verwünschte Residenz. Gegen 10 Uhr erreichten wir das schöne Amt Seeburg, wo uns der herrliche Anblick der beiden unübersehbaren Seen (des Salz- und Süßsees) mit ihren Inseln etc. ein kleines Beispiel der unendlichen Meeransicht, die unser harrte, gab. Wir stiegen ab und kletterten über die Berge hinab bis an den Strand, wo uns das dumpfe Brausen der Wasserfläche und die vielen 1000 Wasserhühnchen, die auf den silbernen Wellen auf und ab schwankten, einen belohnenden Anblick gewährten. An dem ungeheuren See, dessen salziges

Das heutige Schloss Seeburg ist der westliche Teil einer uralten Fluchtburg.

Wasser wir kosteten, und rings eingeschlossen von angenehmen Weinbergen erreichten wir zu Mittag Eisleben. Hier aßen wir dem Hause gegenüber, in welchem D. Luther geboren wurde, und setzten Nachmittag unsere Reise weiter fort, und zwar

In Eisleben steht das Geburtshaus von Martin Luther. Die Bronzeplastik auf dem Marktplatz zeigt den Reformator.

In der Turmkapelle
dieser Kirche
wurde D. Martin Luther
am Martinstage 1483 getauft
1513
1913

In der alten Turmkapelle der St.-Petri-Pauli-Kirche in Eisleben wurde Martin Luther am 11. November 1483 auf den Namen des Tagesheiligen getauft.

Pension

in einem Wagen, welcher Schöpps Hinterstube, die ohnedies noch etwas baufällig war, bis auf ihre Grundfesten erschütterte.
Gegen 5 Uhr abends erreichten wir das miserable Mansfeld. Wie unangenehm überraschte uns gerade hier die niederschlagende Erklärung des Postmeisters, dass wir hiesigen Orts vor künftigem Morgen unmöglich Pferde erhalten könnten. Gezwungen also, die Nacht hier zuzubringen, bestiegen wir den nahen Lindberg, der sich gleich neben der Stadt über den

Mittelpunkt der von Kupfer- und Silberbergbau geprägten Stadt Mansfeld ist die St.-Georg-Kirche.

Bergen von Schlacken erhebt, und siehe – unser Missvergnügen löste sich in einen herrlichen Genuss des schönen Abends auf. Ernst und schauerlich schauten die alten Ruinen der Burg Mansfeld, der Schlosshof, die Kirche, die Zitadelle, die Ringmauern mit ihren Ziergärten etc. aus vergangenen Zeiten in unsere Seele; zu unseren Füßen das Städtchen mit seinen roten Ziegeldächern und ein unübersehbares, lachendes Tal, zur Seite die Anfänge des dunklen Harzes, rings um uns ein lieblicher Park. – Das schöne Burgfräulein und ihr niedlicher Knicks nicht zu vergessen.

11. Setzten wir unsere Reise durch die uralten Bergwerkshügel, womit die Felder unübersehbar besät sind, und

Das Schloss Mansfeld und die Burgruine (nächste Seite) thronen hoch über der Stadt auf einem Bergsporn. Die Burg war der Stammsitz der Mansfelder Grafen.

Der Westflügel, der Westriegel und der Nordflügel des Schlosses Ballenstedt. Blick vom Schloss, das hoch über der Stadt liegt, auf Ballenstedt.

unterhalten durch mancherlei Sagen des Harzes, die uns unser Postillion erzählte, nach Ballenstedt fort. Auf der herrlichen Chaussee gleich vor der Ballenstedter Residenz hatten wir das Vergnügen, dem regierenden Fürsten von Bernburg, der eben mit seinem Stallmeister ausritt, zu begegnen. Nachdem wir nun hier im Hotel einige Gläser Rum zu uns genommen hatten, traten wir endlich froh und wohlgemut unsere Fußreise an. Jeder seine grüne Reisetasche umgehangen, den Mantel um den Rücken geschnallt und oft plötzlich auf dem Gipfel einer Höhe durch herrliche Aussichten (z. B. auf Quedlinburg)

überrascht, langten wir zu Mittag in Gernrode an, das an dem Fuße des herrlichen Stubenberges liegt. Der Stubenberg selbst ist nichts als ein Garten, durch welchen sich mannigfache Gänge bis zum Gipfel schlängeln, wo ein großer, prächtiger Gast-

In der Altstadt von Gernrode am Fuße des Stubenbergs befinden sich noch viele historische Häuser rund um die romanische Stiftskirche.

hof die müden Wanderer empfängt. Hier verzehrten auch wir in dem kleinen Gartenstübchen mit der herrlichen Aussicht unser Mittagessen (Bouteille Birkensaft). Welchen Genuss uns die himmlische Aussicht bis Magdeburg von der einen Seite, in den düsteren Harz von der anderen und auf ein romantisches Dörfchen zu Füßen verschaffte, ist unbe-

Teufelsmühle

schreiblich. Bald nach dem Essen nahmen wir wieder unseren Wanderstab zur Hand, nicht ahnend, welcherlei mannigfache Abenteuer uns diesen Nachmittag erwarteten. Unser Marsch teilte sich in zwei Kolonnen: Schöpp, als einstweiliger Marodeur, wanderte die gerade Straße nach Blankenburg; wir beide aber mieteten uns zwei Führerinnen, die unser Gepäck trugen und uns über den Mägdesprung und die Teufelsmühle nach der Drahtmühle leiten sollten. Lange durchwandelten wir zuerst einen schönen dunklen Erlen- und Eichenwald und dann den großen Tiergarten des Fürsten Bernburg, als uns plötzlich auf einem sich herabsenkenden Hohlwege die Aussicht des

Die große Teufelsmühle ist eine Felsenklippe aus Ramberggranit in der typischen „Wollsack-" oder „Matratzenverwitterung". Nächste Seite: Herrlicher Blick von der Mägdetrappe oberhalb des Dorfes Mägdesprung über das Selketal.

echtschweizerischen Tales des Dörfchens Mägdesprung überraschte. Alsobald erkletterten wir den Felsengipfel des unmittelbar daranstoßenden Berges Mägdesprung und mit Schauder blickten wir hinab in die heilige Einsamkeit des schwarzen berühmten Selketals, dessen grause Stille nur durch das monotone Rauschen der Selke noch fürchterlicher gemacht wird. Von hier ging es, obschon es bereits anfing, dunkel zu werden, zu der Teufelsmühle, diesem fürchterlichen Kolosse von der Natur selbst aufgetürmter Felsenmassen, die wir mit viel Mühe erklimmten und so mitten aus dem beengenden Dunkel des Waldes eine unbeschränkte Aussicht genossen. Bald darauf hatten wir das Vergnügen, eine Herde weidender Rehe auf einer ganz nahen Wiese zu belauschen. Nun ging es immer tiefer in die grause Nacht des unendlichen Waldes hinein.

An der Lampenbrücke zwängt sich die Selke durch beeindruckende Felsformationen aus Plattenschiefer.

Schon blickte der Mond durch die ersten Gipfel der Eichen, und rings um uns war es still wie in einer Gruft, als uns plötzlich etwas aus dem Dickicht anschnaubte. Wir blickten umher –

und siehe – ein großer wilder Eber, eine Bache und mehrere Frischlinge standen mit blitzenden Augen vor uns. Eh wir uns besinnen können, kommt die gesamte wilde Familie mit wütenden Gebärden auf uns los, die beiden Führerinnen nehmen mit großem Angstgeschrei Reißaus, Wilhelm hinterdrein, und die Schweine beschließen verfolgend die Suite. Ich rettete mich auf einen hohen Baumsturz, bis endlich die Waldfamilie das inhumane Projekt aufgab, uns einzuholen, und seitwärts in den Forst ablenkte. Kaum hatten wir uns von diesem Schrecken erholt, als uns die bei-

den Führerinnen durch ihr Geständnis, sich gänzlich verirrt zu haben, nicht minder erschreckten. Nur mit matter Dämmerung beleuchtete der Mond einen unbetretenen Fußsteig, der sich endlich nach und nach auch im Dickicht verlor. So, abgeschieden von aller Welt, irrten wir, oft nach Lubowitz denkend, hin und her und lauschten oft vergebens, ob wir nicht etwa durch die stille Nacht den Hammerschlag der Drahtmühle hören möchten, bis wir endlich nach langem Umherirren eine Schenke erreichten; da diese aber mitten im Walde lag, und, wie wir durch die Fenster sahen, voll wilder bärtiger Männer war, so fanden wir es nicht für ratsam, hier mit unserem Gelde zu übernachten, sondern liefen, ungeachtet unserer großen Mattigkeit, über Feld, Busch und Graben noch bis zum Wirtshause des nächsten Dorfes: Suderode, wo wir dann eine halbe Meile vom Stubenberg entfernt waren, den wir zu Mittag verlassen hatten. – – Nachdem wir hier die schon schlafenden Wirtsleute mit viel Mühe geweckt und etwas Butterbrot zu uns genommen hatten, ruhten wir auf einer elenden Streu, so gut es ging, von diesem abenteuerlichen Tage aus.

12. Weckte uns ein reizender Morgen. Neu gestärkt durchwanderten wir im kühlen Hauche des heiteren Morgens die lieblichsten Täler; links der finstere Harz mit den Ruinen mehrerer alter Burgen, rechts die fürchterlichschöne Teufelsmauer, die sich vom alten Vater Brocken aus bis nach Böh-

Das Selketal gehört zu den reizvollsten Landschaften. Im Backhaus wird im Holzbackofen auf herkömmliche Art mit Sauerteig Brot gebacken.
Nächste Seite: Die Felsklippen der Teufelsmauer werden von harten Sandsteinen verschiedener Epochen der oberen Kreidezeit gebildet.

Wo das Ross der Emma mit dem Hufe aufgeschlagen sein soll: die Rosstrappe. Eine wild anmutende Schlucht: das Bodetal.

men hin erstreckt. Nach 9 Uhr des Morgens erreichten wir das romantische Dörfchen Thale mit dem schönen Schlosse und dem Gebirgsstrom daneben und bald darauf die Blechhütte am Fuße der Rosstrappe. Hier stärkten wir uns durch ein derbes Prandium und bestiegen darauf, von einem Knaben geführt, auf einem steilen gefährlichen Pfade die berühmte Rosstrappe. Durch keine Um- und Beschreiberei mag ich dieses göttliche Naturschauspiel entweihen, nur durch Andeutungen einzelner Züge will ich die Fantasie aufmuntern, in Stunden der schönsten Erinnerung sich das große Bild neu und lebend, allein würdig dem Original, wieder zu schaffen. Um das Ganze ganz zu genießen, möchte man einen Januskopf mitbringen. Denn die Gegend selber ist janisch. Vorn starren uralte Häupter ewiger Felsen, indes im Rücken die liebliche Jugend bunter, unendlicher Täler herauflacht. Gegenüber die ungeheuere Felsenmauer – Der unabsehbar tiefe Abgrund von Wasserfällen durchbraust – Einzelne Abreschen hangend – Über dem Abgrund schwebende Schmetterlinge wie flatternde Silberflocken, wie Sternchen in tiefer Nacht – Im Hintergrunde Aussicht in furchtbare Höhen dunkelen Schwarzwalds – Als wir uns mit

Das Große Schloss Blankenburg – das größte noch erhaltene Welfenschloss – ist das Wahrzeichen der Stadt Blankenburg mit seiner über 900-jährigen Geschichte.

vieler Mühe von dem Abdrucke des ungeheuren Rosshufes auf dem Gipfel des Felsens, von dem die ganze Partie den Namen hat und auf dem wir standen, losgerissen hatten, kamen wir durch lauter schöne Gegenden (z. B. gleich anfangs der Weg, der sich am Felsenhange herumzieht; rechts zu Füßen die Bode rauschend. Schöne Aussicht nach Thale) und nach einer kurzen Ruhepause in einem lieblichen, rings eng einge-

schlossenen Tale endlich zu Mittag in Blankenburg an, wo Schöpp unser schon seit gestern sehnlichst harrte und uns ein gutes Mittagessen vorbestellt hatte. Gleich nach dem Essen begaben wir uns auf den Berg in das herrliche antike dasige Schloss, die ehemalige Residenz der Herzöge von Braunschweig, wobei die Invalidenschildwache – die schönen Mägdlein am Erker und die himmlische Aussicht zu merken. Der Haushofmeister führte uns in das Innere dieses alten Heiligtums, zu dem uralten tiefen Brunnen des Schlosshofes, in die Hofkapelle, wo außer verschiedenen Erinnerungen an alte deutsche Zeit besonders auch ein elfenbeinernes Kruzifix merkwürdig ist, und endlich in die herrliche Bildergalerie, die meistens Stücke aus dem deutschen Mittelalter enthält. In der Bildergalerie besonders merkwürdig: die Porträts Albrecht Dürers, Lucas Cranachs, Rubens, drei schöne französische Prinzessinnen, Zar Peter des Großen, einer Mätresse des Fürsten von Braunschweig aus Circassien, der Pompadour, einer weinenden Gräfin von Flandern, die Spinnschule des Herkules von L. Cranach, ein Jesuskopf, Jesus im Tempel und eine Skizze

(die Schöpfung), alle drei von Albrecht Dürer – Der Audienzsaal und der uralte Flügel des Schlosses, dessen gewölbte, feste, hoch- und bogenfenstrige Gemächer mit einem heiligen Schauer der Vergangenheit erfüllen etc. etc. Nach dem Genusse aller dieser Schönheiten sattelten wir von Neuem unsere Steckenpferde. Dieser Nachmittag war besonders echauffant. Über zwei Stunden lang führte uns die Straße, beladen mit unserer lästigen Bagage und bei drückender Hitze, immerfort bergan. Wir sahen uns daher genötigt, oft kleine Ruhepausen zu machen, worunter besonders die zur Rechten der Straße, auf einer mit Eichen regelmäßig bepflanzten Bergecke mit der herrlichen Aussicht auf das unermessliche Tal, Blankenburg, Rosstrapp etc. am amüsantesten war. Als wir endlich ermattet auf einer freien Höhe den Ausgang aus dem unendlichen Walde, der die ganze Straße von Blankenburg einschließt, erreicht hatten, überraschte uns plötzlich und zum ersten Male der längst ersehnte Anblick des alten Vater Brocken. Ernst und grauenerregend sah er uns an aus seinem düsteren Hintergrunde, schaute ehrwürdig hin über die Ebnen und Gefilde, die im Abendrote glühten, während sein Haupt noch den Tag mit lichtem Glanze verklärte. Wir konnten uns nicht enthalten, diesem ersten Ziel unserer Wanderung ein Vivat zu bringen und uns einige Zeit unter einer Eiche hinzustrecken. Als wir auf dieser weiten Ebne unter der Eiche den Sonnenuntergang abgewartet und uns an unserem Birnproviant etwas zu sehr gelabt hatten, schritten wir wieder mit neuem Mute weiter. Bald wurde die Gegend rings

Fernsicht, so weit das Auge reicht. Meistens ist die Spitze des Brockens in Nebel gehüllt – an mehr als 300 Tagen des Jahres.

Brocken

um uns immer nächtlicher, unser Fußwerk ermahnte uns immer dringender an das Nachtquartier; doch immer neue Abgründe, neue Höhen trennten uns von Elbingerode. (Mein romantisches ängstliches Zurückbleiben in dem letzten Tale.) Endlich erreichten wir einen Berg, an dessen Fuße wir die Stadt zu unserem Vergnügen heraufdämmern sahen. Vor uns lagen die weiten Brockentäler, wie ein wogendes Meer, in dicke Nebel und Dämpfe gehüllt. Im Hintergrunde starrte die Riesengestalt des Brockens, gleich einer schwarzen nächtlichen Gewitterwolke; über uns flimmerten einzelne Sterne aus der dunklen Nacht. – Hier sanken wir ermattet nieder und rauchten unser Pfeifchen ins Tal herab. Doch bald überfiel mich hier eine Unpässlichkeit, die mir den Weg nach Elbingerode noch sehr erschwerte und auch dort immer mehr zunahm. Auch meine nächtliche Ruhe wurde durch Wanderungen – und Hundegebell unterbrochen.

13. Des Morgens traten wir unsere Wanderung in die benachbarte Baumanns- und Bielshöhle an. Die Heitre des Morgens und der angenehme Spaziergang durch das schöne enge Tal machten aller Unpässlichkeit ein Ende, und bald erreichten wir das romantische Gebirgsdörfchen Rübeland, wo wir (Schöpp war in Elbingerode zurückgeblieben) eine Bergmannskleidung umwarfen und, von einem Bergmann geleitet, die Baumannshöhle besuchten. Als wir in der Eingangsgrotte angekommen waren, hielt unser Führer einen kleinen versifizierten Prolog, gab uns jedem eine brennende Lampe in die Hand, und so ging es mit einem „Glück auf" in die Unterwelt hinab. Ein heiliger Schauer ergriff uns, als wir den Tag

Die alte Bergbaustadt Elbingerode liegt auf der Harzhochfläche. Urkundlich wird sie erstmalig 1206 durch Papst Innocenz III. erwähnt.

immer mehr und mehr entdämmern sahen. Bald rasselte eine kleine Türe und wir sahen uns in der ersten Höhle. Mit frommer Ehrfurcht traten wir hinein in die tiefe, öde Nacht dieses ungeheuren Gewölbes. Schauerliche Stille wohnt in dem lichtleeren Raume, nur das monotone Geräusch von der Decke herabfallender Tropfen, die sich zu Tropfstein bilden, tönt

wie Geisterlispeln dazwischen. An den feuchten Tropfsteinwänden spielt der Schein der Lampen blitzend auf und ab und fast bei jedem Schritte überraschen den staunenden Wanderer menschenähnliche Gespenstergestalten, welche sich jahrhundertelang aus dem herabträufelnden Tropfsteinregen bildeten, z. B. der Bischof, die betende Nonne, die Burg, die klingende Säule etc. Mit großer Mühe, ja fast mit Lebensgefahr durchkletterten wir die unterirdischen Gemächer, aus denen die Baumannshöhle besteht, auf schwebenden Leitern und auf schmalen Pfaden, die oft nur eine Spanne von unermesslichen schwarzen Schlünden entfernt sind, und schöpften freier Atem, als wir endlich das Tageslicht wieder begrüßten. Von hier aus begaben wir uns in die Bielshöhle, welche am Abhange des entgegengesetzten Berges ihren Eingang hat. Die Bielshöhle hat das Grause der Baumannshöhle nicht, ist aber durch die Bemühungen des Steigers Becker (ihres Entdeckers) sehr bequem zu durchwandern, besitzt auch eine Menge einzelner Partien, welche sie für den Mangel an fürchterlichen Ansichten hinlänglich entschädigen; worunter die merkwürdigsten: die klingende Orgel, eine sehr täuschende betende Nonne und das wogende Meer. Nach dem Genusse aller dieser Naturschönheiten begaben wir uns wieder nach Elbingerode zurück, nahmen ein stärkendes Mittagsmahl zu uns und traten darauf in Gesellschaft eines Bergmannes, der uns anführte und die Sachen trug, unsere Wallfahrt nach dem Brocken an. Durch wilde, schauerliche Waldgegenden, welche ein un-

Die Baumannshöhle in Rübeland ist eine der ältesten Schauhöhlen der Welt. Schon seit 1866 ist der Märchenwald zu sehen.

geheurer Windbruch noch fürchterlicher machte, näherten wir uns nun allmählich diesem altdeutschen Riesengreise, dessen majestätisches Haupt düstere Wolken dem Auge der niederen Welt verhüllten. Gegen … Uhr erreichten wir einen einsamen, gräflich stolbergischen Meierhof, den gewöhnlichen Ruhepunkt der Brockenpilger. Hier labten wir uns an guter Milch und Kuchen. (Der gute Alte, der unseren Schöpp durchaus für niemand anderen als einen gewissen … gelten lassen wollte.) Von hier aus wird der Weg immer steiler, aber auch immer überraschender. Bald anfangs durchwanderten wir eine schöne grüne Wiese, mit unzähligen, sehr hohen roten Blumen geschmückt. Die Ilse und andere Quellen, welche das ebne Land als wilde

Die Ilse (nächste Seite) hat ihre Quelle am Brocken, sie fließt durch Wälder, die noch Wald sind und nicht Forst.

Das „Harzer Rote Höhenvieh", wie es korrekt heißt, gehört wohl zu den ältesten und ursprünglichsten Nutztierrassen.

Gebirgsströme durchtobten, rieseln hier in spielender Kindheit durch die einsame Landschaft. Bald darauf wurde die Gegend wilder. Rings um uns weideten schöne Herden mit ihrem Glockengeläute. Auf den hin und her wild hervorragenden Felsenmassen klimmten einsame Jäger, und Gebirgsmädchen kletterten umher und klaubten Waldbeeren. Oft blieben wir stehen und schauten in die schwarzen, waldigen Täler hinab, zwischen denen sich oft plötzlich eine unbeschränkte Aussicht in ganze Länder eröffnet. Jetzt empfing uns ein Wald von kleinem, aber dichtem Nadelgehölze, aus dem wir erst herauskamen, als wir den freien Gipfel der Heinrichshöhe erreicht hatten. Mit trunkenem Entzücken genossen wir hier, an die Ruinen des alten Brockenhauses gelehnt, das himmlische, unbeschreibliche Panorama, das aber leider bald durch düsteres Gewölk, welches neben uns am Brocken hinschwebte und sich dann über die Täler hinwälzte, unseren Blicken entzogen wurde. Nachdem wir uns hier der sehr kalten, schneidenden Luft wegen in unsere Mäntel gewickelt hatten, tauchten wir uns wohlgemut in das wogende Meer von Wolken,

Im Nationalpark Hochharz bleibt das Totholz liegen, der Wald mit seiner Flora und Fauna wird sich selbst überlassen. Nächste Seite: Der Brocken ist das Sehnsuchtsziel von Dichtern, Denkern und unzähligen Wanderern.

welche wie Pulverdampf an uns vorüberflogen und uns rings so einhüllten, dass wir einander kaum sehen und errufen konnten. Der Berg war so öde, die Wolken flohen schnell und durch den Riss derselben tönten plötzlich die wunderbaren Melodien einer Schalmei so klagend, so herzergreifend wie aus fernen, fremden Welten herüber, klang das Glockengeläute einer Herde darin, die zwischen den Wolken die furchtbare Wildnis durchklimmte. Betäubt von dem zauberischen Märchen unserer Umgebung erreichten wir endlich gegen Abend das große neue Bro-

ckenhaus, das wir aber nicht eher erblickten, bis wir davorstanden. Wie bequem und wohltätig diese vom Grafen Stolberg-Wernigerode bloß für die unzähligen Brockenbesucher erbaute Auberge ist, kann nur ein Brockenwallfahrer verstehen. – Wir brachten den Rest des Abends in fröhlicher Ruhe zu und unterhielten uns mit der Menge von Jahrbüchern des Brockens, worin sich jeder Reisende, oft auch mit Anmerkungen und Randglossen, einschreibt. In einem dieser Bücher fanden wir auch unseren König, die Königin und den ganzen Hofstaat, welche insgesamt bald nach Ostern dieses Jahres in Begleitung der stolbergischen Familie (denn nach Wernigerode gehört der Berg) auf dem Brocken übernachteten. Gegen 10 Uhr trat ich noch mit dem Wirte vor das Haus und genoss das Fürchterlich-Schöne einiger Minuten, die mir ewig unvergesslich bleiben werden. Rings um uns starrte eine grauenvolle, unbeschränkte Nacht, schwarze Wolken durchkreuzten einander in wilder Eile zu unseren Füßen, aus fernen, tiefen Klüften heulte ein fürchterlicher, kalter Sturm herauf. Augenblicke lang zerriss oft der Sturm die düstere Wolkendecke über uns. Dann fuhr plötzlich der helle Schein des Mondes wie ein langer Blitz über den ganzen Himmel und beleuchtete auf eine Sekunde mit matter Dämmerung die öde Einsamkeit. Staunend und nicht ohne inneres Leben fühlt' ich in diesen Augenblicken die Abgeschiedenheit von aller Welt, die furchtbare Nähe des Himmels, und jetzt erst verstand ich's, warum gerade hier auf dem Blocksberge die Hexen tanzen sollen. – Heute Nacht schliefen wir also 3000 Fuß

Auf dem Brocken erzählen Hexenaltar und Teufelskanzel als Schauplatz vom bösen Zauber im Harz.

über den menschlichen Geschlechtern, und zwar in den vortrefflichen Betten sehr gut.

14. Standen wir, vom Wirte geweckt, zeitig auf, frühstückten schnell und begaben uns mit einer Pfeif Tabak alsobald ins Freie, wo ein kalter Schneewind wehte. Den Sonnenaufgang hatte uns der Nebel verhüllt; aber endlich teilten sich die Wolken und – eine kleine Welt von 800 Quadratmeilen lag vor unseren staunenden Blicken. Dort lag Braunschweig und Wolfenbüttel, hier zu unseren Füßen Ilsenburg und Wernigerode mit seinen schimmernden Schlössern und roten Ziegeldächern, dort Magdeburg, Halberstadt und Quedlinburg, untermischt mit glänzenden

Blick zum majestätisch über der Stadt thronenden Schloss Wernigerode.
Nächste Seite: Auf dem Schlossberg in Quedlinburg: die Quitilingaburg.

Seen, Flüssen und grünem Gebüsche, dorthin streckte sich die waldige Kette des schauerlichen Harzgebirges. (Einzelne weiße Wolken unter uns in der Heitre schwebend.) „O Gott! wie schön ist deine Welt!", riefen wir alle einmütig aus im seligen Genusse und konnten nur mit Mühe unsere Blicke von der unermesslichen Weite abwenden. Darauf bestiegen wir den Turm des Brockenhauses, besuchten den Hexenaltar, wo die Hexen den Walpurgisabend feiern und wo auch wir auf dem Gipfel herumtanzten, und begaben uns dann endlich wieder mit drei halberstädtischen Kaufleuten, die auch die Nacht auf dem Brocken zugebracht hatten, auf den Hinabweg, jeder einen Brockenstrauß auf dem Hute, welchen die Aufwärterin jedem Reisenden präsentiert und der aus dreierlei Waldblumen, den einzigen Blocksberg-Produkten, besteht. Die Unter-

Die Ilse, die in rund 900 m Höhe über NN am Nordhang des Brockens entspringt, fließt durch das enge Ilsetal, das östlich vom schroffen kreuzgekrönten Ilsestein gesäumt wird.

haltung mit den drei Kaufleuten erheiterte uns sehr; doch bald trennten wir uns von ihnen, indem diese über den Ilsenstein gingen, wir aber die Ilse in allen ihren Krümmungen verfolgten und das Schauspiel der herrlichen Wasserfälle der Ilse genossen. Bald darauf wandelten wir am Fuße des Ilsensteines vorüber, dessen kahler Scheitel mit ernster Majestät sich über die dunklen Forsten erhebt, und kamen endlich zu Mittag in dem kleinen romantisch gelegenen Städtchen Ilsenburg an, wo wir die Kaufleute wieder trafen. Hier mittagmahlten wir, verabschiedeten unseren Führer und setzten mit unseren Tornistern, allein mit Schöpp, unsere Wanderung fort. Noch immer erinnerten uns einzelne schöne Aussichten an den lieben Harz, der uns jetzt im Rücken lag. Oft kehrten wir uns um und schauten zurück auf das dunkle Gebirge und den alten Vater Brocken, den wir vielleicht zum letzten Male sahen, und dachten mit Rührung der seligen Stunden, die wir dort verlebt hatten. Die Hitze nötigte

Ilsenburg liegt zwischen Wernigerode und Bad Harzburg am Ausgang des Ilsetals. Die Stadt ist an drei Seiten von bewaldeten Bergen umgeben, die über 550 m hoch sind.

Die Hornburg wurde im Jahr 994 erstmals in einer Urkunde der Stadt Quedlinburg erwähnt.

uns, unter dem Schatten eines schönen Eichenhains an der Landstraße mit der Aussicht auf die Ruinen einer alten Kirche auszuruhen. Unsere Müdigkeit nahm indes immer mehr zu und bei hereinbrechender Nacht sahen wir uns endlich gezwungen, in einer elenden Dorfschenke zu übernachten. Hier fanden wir einen alten, betrunkenen Wirt, der uns in der hiesigen plattdeutschen Mundart (Beier) mit seinen Heldentaten, die er bei einer Revue ausgeführt hatte, nicht we-

nig quälte, doch wurden wir mit einem kräftigen Abendessen und einer guten Streue regaliert.

15. Nachdem wir unser Nachtquartier sehr teuer bezahlt hatten, führte uns unser neuer Weg durch anmutige Wiesen und fruchtbare Weizenfelder, die durch schöne Dörfer und Schlösser begrenzt wurden. – Unser heißhungriges Brotessen unter dem Haselstrauche an der Landstraße. – Da es schon Mittag war und wir dem ungeachtet Wolfenbüttel nicht erreichen konnten, so drückte uns die brennende Sonnenhitze immer mehr nieder und endlich ganz zu Boden. Wir legten daher mitten auf dem Fußsteige neben der Landstraße unsere Reisetaschen unter die Köpfe, und die Mattigkeit drückte uns bald die Augen zu. Als wir so im Angesichte aller Vorübergehenden und -fahrenden eine Stunde recht sanft geschlafen hatten, waren wir endlich wieder imstande, den kleinen Weg bis Wolfenbüttel zu vollenden. Hier kehrten wir in dem besten Gasthof ein. Eine Menge Offiziere, die vor demselben standen, machten große Augen, als sie uns so mit unseren Bündeln anwandern sahen, da sie

5 6 7 8 9 10 11 12 1 2 3 4

nicht wussten, was sie aus uns machen sollten. Doch noch größer war ihr Erstaunen, als sie uns eine eigene Stube und Extrapost bestellen hörten. Hier tranken wir statt allem Mittagessen Kaffee, wechselten unsere Wäsche, die die ganze Harzreise mitgemacht hatte, und karriolten, nun mit prächtigen Postpferden, nach Braunschweig zu. Mitleidsvoll blickten wir nun aus dem Wagen herab, wenn ein schwer bepackter Wandersmann bei uns vorbeikeuchte. „Armer Mann!", riefen wir, „ach wir wissen nun auch, wie es schmeckt!" Wir flogen mit unseren raschen Rossen nur so hin über die Chaussee von Wolfenbüttel bis Braunschweig, welche von beiden Seiten mit niedlichen Gärten und Pavillons begrenzt ist, die, da es gerade Sonntag war, von Herren und

In Wolfenbüttel wird das Straßenbild in der Innenstadt noch von historischen Häusern geprägt.

Damen wimmelten. Besonders aber strömte uns in der Nähe von Braunschweig eine Menge galanter Welt entgegen, sodass wir recht herzlich froh waren, nicht mehr in unserer staubigen Handwerksburschenattitüde die Revue passieren zu dürfen, sondern mit einer vornehmen Reisemiene die Spaziergänger und -gängerinnen vom Wagen herab lorgnettieren zu können. Wir kehrten in Braunschweig im Blauen Engel ein, wurden aber nicht residenzmäßig bedient. Wir gingen noch des Abends ins Theater, welches zwar groß, aber geschmacklos gebaut ist, und machten dort die Bekanntschaft eines Engländers, der uns bald an unserer Kleidung (Kebs etc.) als Haller Studenten erkannte und uns viel von der Universität in Philadelphia erzählte. Wir waren sehr begierig auf den Anfang des Stückes, da eben Abellino, und zwar von Braunschweiger Bürgern und Bürgerstöchtern, gegeben wurde. Doch wie sehr sahen wir uns getäuscht! Das Rasen des H. Abellino, die Marionettenziererei des weiblichen Personals und endlich die Nachtwächterpositur des Dogen selbst trieben uns schon nach dem ersten Akte in die Flucht, die noch obendrein ob des Gedränges des anderen, wahrscheinlich auch auf der Flucht begriffenen Publikums, fast mit Lebensgefahr verknüpft war. Die Nacht durchschwitzten wir beide in „einem" zweischläfrigen Bette.

16. Zwang uns die hiesige Schneckengeschwindigkeit des Postwesens wider Willen, die wenigen Merkwürdigkeiten hiesiger Residenz in

Das Staatstheater Braunschweig ist ein staatliches Vierspartentheater, das 1690 von Herzog Anton Ulrich begründet wurde. Nächste Seite: Die Fassade des Residenzschlosses des Herzogs von Braunschweig.

BIBLIOTHEK

Augenschein zu nehmen. Wir besahen das Residenzschloss des Herzogs von Braunschweig, eine Kirche, wo einer von den Herzögen mit seiner Gemahlin sein Grabmal hat, das uralte Denkmal alter deutscher Kunst auf dem Markte: ein steinerner Löwe, der aber ziemlich plump aus Olims Zeiten herüberschaut, kurz: wenigstens die Hälfte dieser antiken, zum Teil sehr schönen Stadt, und segelten gen 12 Uhr des Mittags Jove favente wieder ab. Doch wehe uns! – Soeben entrissen der hohen Poesie des Harzes, gerieten wir nun plötzlich in die merkalste Reichsprose Deutschlands – in die weltberüchtigte Lüneburger Heide. So weit das Auge reicht, kein Haus, kein Baum, kein Mensch, ja sogar, außer einigen sehr zahmen Heidelerchen, kein lebendes Wesen; überall nichts als Himmel und Erde. Wie auf einsamem Meere durchschifften wir die dürre Fläche, doch

Der Braunschweiger Löwe war das Wahrzeichen Heinrichs des Löwen, der die Stadt zu einem bedeutenden Ort ausbaute.

leider ohne Kompass: denn da sich auf der überall unbebaubaren Ebene mehr als 50 Wege nach allen Weltgegenden hin verbreiten, hatten wir noch das Unglück, über eine Stunde

irrezufahren. Gegen Abend langten wir endlich in einem Jägerhause an, welches auch zugleich das Posthaus ist. Hier tranken wir Kaffee, konversierten mit einem hannövrischen Regierungsrate, der bei der Nachricht, dass wir Studenten wären, sehr zutraulich gegen uns wurde, und setzten darauf, als es schon anfing, dunkel zu werden, unsere Reise wieder weiter fort, mit dem Entschlusse: heute die ganze Nacht hindurch zu fahren, um so bald als möglich der langweiligen Gesellschaft dieser lungensüchtigen Steppen zu entkommen.

Hintergründe zu Joseph von Eichendorffs Harzwanderung

Von Sandra Schött

Der Harz mit seiner höchsten Erhebung, dem sagenumwobenen Brocken, war einst das Sehnsuchtsziel vieler Dichter und Denker. Goethe hat ihn mehrmals besucht und den mächtigen Berg bestiegen, auch im Winter und vorzugsweise aus naturwissenschaftlichem Interesse, aber auch für seinen „Faust" erwiesen sich seine Harzreisen als fruchtbar, man denke nur an das treffliche Hexenszenario „Walpurgisnacht". Zwei Wochen nach Goethes Rückkehr von seiner vierten Harzreise tut der junge siebzehnjährige Dichter Joseph von Eichendorff, damals Jurastudent in Halle, es ihm gleich. In Begleitung seines zwei Jahre älteren Bruders Wilhelm und des Dieners Jakob Schöpp tritt er am 10. September 1805 während der Semesterferien seine Hamburger Reise an, die ihn nach einer fünftägigen Tour durch den Harz über Braunschweig, Hamburg und Lübeck bis an die Ostsee führen wird. Mit der Postkutsche fährt die Gemeinschaft zunächst nach Seeburg mit dem Süß- und Salzsee, von denen heute aufgrund von Kaliabbau nur noch der Süßsee existiert. Fortgesetzt wird die Reise über Eisleben nach Mansfeld und schließlich nach Ballenstedt und Gernrode am Stubenberg. Von dort wandern Joseph und Wilhelm über den Mägdesprung und die Teufelsmühle zur Drahtmühle. Am darauffolgenden Tag besichtigen sie die Teufelsmauer, besteigen den Rosstrapp-Felsen bei Thale und erreichen schließlich Blankenburg, wo sie Schöpp bereits erwartet. Auch die Unterwelt der Tropfsteinhöhlen im malerischen Gebirgsdörfchen Rübeland – die Baumannshöhle, eine der ältesten Schauhöhlen, und die heute nicht mehr zugängliche Bielshöhle bei Elbingerode – werden von den Brüdern besucht. Als Höhepunkt der Wanderung besteigen die drei Wanderer unter Führung eines Bergmanns den Brocken, wo sich ihnen ein unbeschreiblicher Ausblick ins Tal mit Blick auf Braunschweig und Wolfenbüttel, nach Ilsenburg und Wernigerode sowie Magdeburg, Halberstadt und Quedlinburg eröffnet. Nach der Übernachtung auf dem Berg nährt sich die abenteuerliche Harzwanderung entlang der rauschenden Wasser der Ilse schließlich ihrem Ende. Das Trio setzt mit der Postkutsche seinen Weg nach Wolfenbüttel, Braunschweig und in die Lüneburger Heide fort. Eichendorffs Impressionen dieser Reise finden literarischen Niederschlag in Form seiner Tagebuchaufzeichnungen „Pro Memoria", die bereits den späteren romantischen Schriftsteller verraten. Wie Goethe stößt er auf die Hexenwelt des Brockens, die er im für die Romantik typischen Kontrast zur Gotteswelt der Natur darstellt. Seit seinem zehnten Lebensjahr schreibt Eichendorff Tagebuch, um Erlebtes für die Erinnerung zu bewahren, doch die Eindrücke der Harzreise lassen ihn zum ersten Mal ausführlicher und sprachlich intensiviert die Seiten füllen. Ähnliches lassen seine Aufzeichnungen über den Anblick des Meers in Travemünde erkennen. Die Tagebucheintragungen liegen jedoch noch vor Eichendorffs Erweckung zum Dichter der Romantik. Erst in Heidelberg trifft er auf den Dichterkreis um Achim von Arnim und Clemens Brentano, und erst in den folgenden Jahren macht er sich mit seinen Werken als Dichter der katholisch geprägten Spätromantik einen Namen. Obwohl Eichendorff in seinem Leben nicht mehr viele Wanderungen unternommen hat, künden doch seine Werke von Reise- und Wanderlust, so zum Beispiel seine berühmte Novelle „Aus dem Leben eines Taugenichts", in der ein armer Müllersohn Wanderlieder singend in die Welt hinaus bis nach Italien zieht. Und in der Erzählung „Viel Lärmen um nichts" von 1832 erinnert sich der Wanderer Willibald an seine Reiseerlebnisse: „In den Herbstferien wanderte ich als Student mit mehreren fröhlichen Gesellen aus Halle nach dem Harzgebirge. (...) Mir fielen alle alten schönen Sagen dieser romantischen Gegend ein, und ich dichtete die wunderlichsten Reiseabenteuer in das wachsende Dunkel hinein."

Umschlag: Felsenklippe mehr als 400 Meter über dem Bodetal bei Thale; S. 2/3: Mythenumwoben erhebt sich die Kuppe des Brockens über das nördlichste deutsche Mittelgebirge.
Foto auf Seite 40: Ernst Schuhose, mit freundlicher Genehmigung des Schauhöhlen- und -bergwerksbetriebs Rübeland.

Bibliografische Information der Deutschen Nationalbibliothek

Die Deutsche Nationalbibliothek verzeichnet diese Publikation in der Deutschen Nationalbibliografie; detaillierte bibliografische Daten sind im Internet über http://dnb.d-nb.de abrufbar.

Dem Text dieser Ausgabe liegen Joseph von Eichendorffs Werke, Band IV, Tagebücher „Pro Memoria" 1798–1815, Winkler Verlag, München 1980, zugrunde.

Gesamtherstellung: Husum Druck- und Verlagsgesellschaft
Postfach 1480, D-25804 Husum – www.verlagsgruppe.de

ISBN 978-3-89876-491-9